Contributions à l'histoire du christianisme primitif

Friedrich Engels (1894)

Traduction de Laura Lafargue

Copyright © 2022 Engels (Domaine public)
Édition : BoD – Books on Demand, info@bod.fr
Impression : BoD – Books on Demand, In de Tarpen 42,
Norderstedt (Allemagne)
Impression à la demande.
ISBN : 9782322420643
Dépôt légal : Mai 2022
Tous droits réservés

L'histoire du Christianisme primitif offre des points de contact remarquables avec le mouvement ouvrier moderne. Comme celui-ci le christianisme était à l'origine le mouvement des opprimés, il apparaissait tout d'abord comme religion des esclaves et des affranchis, des pauvres et des hommes privés de droits, des peuples subjugués ou dispersés par Rome. Tous les deux, le christianisme de même que le socialisme ouvrier, prêchent une délivrance prochaine de la servitude et de la misère ; le christianisme transporte cette délivrance dans l'au-delà, dans une vie après la mort, dans le ciel ; le socialisme la place dans ce monde, dans une transformation de la société. Tous les deux sont poursuivis, et traqués, leurs adhérents sont proscrits et soumis à des lois d'exception, les uns comme ennemis du genre humain, les autres comme ennemis du gouvernement, de la religion, de la famille, de l'ordre social. Et malgré toutes les persécutions, et même directement servies par elles, l'un et l'autre se frayent victorieusement, irrésistiblement leur chemin.

Trois siècles après sa naissance, le christianisme est reconnu comme la religion d'État de l'empire mondial de Rome : en moins de 60 ans, le socialisme a conquis une position telle que son triomphe définitif est absolument assuré.

Par conséquent, si M. le professeur A. Menger, dans son *Droit au produit intégral du travail*, s'étonne de ce que sous les empereurs romains, vu la colossale centralisation des biens-fonds et les souffrances infinies de la classe travailleuse, composée pour la plupart d'esclaves, « *le socialisme ne se soit pas implanté après la chute de l'empire romain occidental* », — c'est qu'il ne voit pas que précisément ce « socialisme », dans la mesure où cela était possible à l'époque, existait effectivement et arrivait au pouvoir — avec le christianisme. Seulement ce christianisme, comme cela devait fatalement être étant données les conditions historiques, ne voulait pas réaliser la transformation sociale dans ce monde, mais dans l'au-delà, dans le ciel, dans la vie éternelle après la mort dans le « millenium » imminent.

Déjà au Moyen-Âge le parallélisme des deux phénomènes s'impose lors des premiers soulèvements de paysans opprimés, et notamment, des plébéiens des villes. Ces soulèvements, ainsi, que tous les mouvements des masses au Moyen-Âge portèrent nécessairement un masque religieux, apparaissaient comme des restaurations du christianisme primitif à la suite d'une corruption envahissante

[Note : À ceci les soulèvements du monde mahométan, notamment en Afrique, forment un singulier contraste. L'Islam est une religion appropriée aux Orientaux, plus spécialement aux Arabes, c'est-à-dire, d'une part à des citadins pratiquant le commerce et l'industrie, d'autre part à des Bédouins nomades. Là réside le germe d'une collision périodique. Les citadins, devenus opulents et luxueux, se relâchent dans l'observance de la « loi ». Les Bédouins pauvres et, à cause de leur pauvreté, de mœurs sévères, regardent avec envie et convoitise ces richesses et ces jouissances. Ils s'unissent sous un prophète, un Mahdi, pour châtier les infidèles, pour rétablir la loi cérémoniale et la vraie croyance, et pour s'approprier, comme récompense, les trésors des infidèles. Au bout de cent ans, naturellement, ils se trouvent exactement au même point que ceux-ci ; une nouvelle purification est nécessaire ; un nouveau Mahdi surgit ; le jeu recommence. Cela s'est passé de la sorte depuis les guerres de conquête des Almoravides et des Almohades africains en Espagne jusqu'au dernier Mahdi de Khartoum qui bravait les Anglais si victorieusement. Il en fut ainsi, ou à peu près, des bouleversements en Perse et en d'autres contrées mahométanes. Ce sont tous des mouvements, nés de causes économiques, bien que portant un déguisement religieux. Mais, alors même qu'ils réussissent, ils laissent intacts les conditions économiques. Rien, n'est changé, la collision devient périodique. Par contre, dans les insurrections populaires de l'occident chrétien, le déguisement religieux ne sert que de drapeau et de masque à des attaques contre un ordre économique devenu caduc ; finalement cet ordre est renversé ; un nouveau s'élève, il y a progrès, le monde marche.].

Mais derrière l'exaltation religieuse se cachaient régulièrement de très positifs intérêts mondains. Cela ressortait d'une manière grandiose dans l'organisation des Taborites de Bohème sous Jean Zizka, de glorieuse mémoire ; mais ce trait persiste à travers tout le Moyen-Âge, jusqu'à ce qu'il disparaisse petit à petit, après la guerre des paysans en Allemagne, pour reparaître chez les ouvriers communistes après 1830. Les communistes révolutionnaires français, de même que Weitling et ses adhérents, se réclamèrent du christianisme primitif, bien longtemps avant que Renan ait dit : « *Si vous voulez vous faire une idée des premières communautés chrétiennes, regardez une section locale de l'Association internationale des travailleurs.* »

L'homme de lettres français qui, à l'aide d'une exploitation de la critique biblique allemande sans exemple, même dans le journalisme moderne, a confectionné le roman ecclésiastique, les *Origines du christianisme*, ne savait pas tout ce qu'il y avait de vrai dans son dire. Je voudrais voir l'ancien internationaliste capable de lire, par exemple, la seconde épître aux Corinthiens, attribuée à Paul, sans que, sur un point tout au moins, d'anciennes blessures ne se rouvrissent chez lui. L'épître tout entière, à partir du VIIIe chapitre, retentit de l'éternelle complainte, trop connue hélas : « *les cotisations ne rentrent pas.* » Combien des plus zélés propagandistes, vers 1865, eussent serré la main de l'auteur de cette lettre, quel qu'il soit, avec une sympathique intelligence, en lui murmurant à l'oreille : « *Cela t'est donc arrivé, frère, à toi aussi !* » Nous autres aussi nous pourrions en conter long là-dessus, — dans notre association aussi les Corinthiens pullulaient — ces cotisations qui ne rentraient pas qui, insaisissables, tournoyèrent devant nos yeux de Tantale, mais c'étaient là précisément les fameux millions de l'Internationale.

L'une de nos meilleures sources sur les premiers chrétiens est Lucien de Samosate, le Voltaire de l'antiquité classique, qui gardait une attitude également sceptique à l'égard de toute espèce de superstition religieuse et qui, par conséquent, n'avait pas de motifs (ni par croyance païenne ni par politique) pour traiter les Chrétiens autrement que n'importe quelle association religieuse. Au contraire, il les raille tous pour leur superstition, aussi bien les adorateurs de Jupiter que les adorateurs du Christ : de son point de vue, platement rationaliste, un genre de superstition est tout aussi inepte qu'un autre. Ce témoin, en tout cas impartial, raconte, entre autre chose, la biographie d'un aventurier Pérégrinus, qui se nommait Protée de Parium sur l'Hellespont. Le dit Pérgrinus débuta dans sa jeunesse en Arménie par un adultère, fut pris en flagrant délit et lynché selon la coutume du pays. Heureusement parvenu à s'échapper, il étrangla son vieux père et dut s'enfuir. « *Ce fut vers cette époque qu'il se fit instruire dans l'admirable religion des chrétiens en s'affiliant, en Palestine, avec quelques-uns de leurs prêtres et de leurs scribes. Que vous dirai-je ? Cet homme leur fit bientôt savoir qu'ils n'étaient que des enfants, tour à tour prophète, thiasarque, chef d'assemblée. Il fut tout à lui seul, interprétant leurs livres, les expliquant, en composant de son propre fonds. Aussi nombre de gens le regardèrent-ils comme un dieu, un législateur, un pontife, égal à celui qui est honoré en Palestine, où il fut mis en croix pour avoir introduit ce nouveau culte parmi les hommes. Protée ayant été arrêté par ce motif, fut jeté en prison. Du moment qu'il fut dans les fers, les Chrétiens, se regardant comme frappés mirent tout en œuvre pour l'enlever ; mais ne pouvant y parvenir, ils lui rendirent au moins toutes sortes d'offices avec un zèle et un empressement infatigables. Dès le matin on voyait rangés autour de la prison une foule de vieilles femmes de veuves et d'orphelins. Les principaux chefs de la secte passaient la nuit auprès de lui, après avoir corrompu les geôliers : ils se faisaient apporter des mets, lisaient leurs livres saints ; et le vertueux Pérégrinus, il se nommait encore ainsi, était appelé par eux le nouveau Socrate. Ce n'est pas tout ; plusieurs villes d'Asie lui envoyèrent des députés au nom des Chrétiens, pour lui servir d'appui, d'avocats et de consolateurs. On ne saurait croire leur empressement en pareilles occurrences pour tout dire en un mot, rien ne leur coûte. Aussi Pérégrinus, sous le prétexte de sa prison, vit-il arriver de bonnes sommes d'argent et se fit-il un gros revenu. Ces malheureux se figurent qu'ils sont immortels et qu'ils vivront éternellement. En conséquence ils méprisent les supplices et se livrent volontairement à la mort. Leur premier législateur les a encore persuadés qu'ils sont tous frères. Dès qu'ils ont une fois changé de culte, ils renoncent aux dieux des Grecs, et adorent le sophiste crucifié dont ils suivent les lois. Ils méprisent également tous les biens et les mettent en commun, sur la foi complète qu'ils ont en ses paroles. En sorte que s'il vient à se présenter parmi eux un imposteur, un fourbe adroit, il n'a pas de peine à s'enrichir fort vite, en riant sous cape de leur simplicité. Cependant Pérégrinus est bientôt délivré de ses fers par le gouverneur de Syrie. »*

À la suite d'autres aventures encore, il est dit : « *Pérégrinus reprend donc sa vie errante, accompagné dans ses courses vagabondes par une troupe de chrétiens qui lui servent de satellites et subviennent abondamment à ses besoins. Il se fit ainsi nourrir pendant quelque temps. Mais ensuite ayant violé quelques-uns de leurs préceptes (on l'avait vu, je crois, manger d'une viande prohibée), il fut abandonné de son cortège et réduit à la pauvreté* » (Traduction Talbot).

Que de souvenirs de jeunesse s'éveillent, en moi à la lecture de ce passage de Lucien. Voilà, tout d'abord, le « Prophète Albrecht » qui, à partir de 1840 environ, et quelques années durant, rendait peu sûres — à la lettre — les communautés communistes de Weitling en Suisse. C'était un homme grand et fort, portant une longue barbe, qui parcourait la Suisse à pied, à la recherche d'un auditoire pour son nouvel évangile de l'affranchissement du monde. Au demeurant, il paraît avoir été un brouillon assez inoffensif, et mourut de bonne heure. Voilà son successeur moins inoffensif, le Dr George Kuhlmann de Holstein, qui mit à profit le temps où Weitling était en prison, pour convertir les communistes de la Suisse française à son évangile à lui et qui, pour un temps, y réussit si bien qu'il gagna jusqu'au plus spirituel, en même temps que le plus bohême d'entre eux, Auguste Becker. Feu Kuhlmann donnait des conférences, qui furent publiées à en 1845, sous le titre : *Le nouveau monde ou le royaume de l'esprit sur la terre . Annonciation*. Et, dans l'introduction rédigée selon toute probabilité par Becker, on lit : « *Il manquait un homme dans la bouche de qui toutes nos souffrances, toutes nos espérances et nos aspirations, en un mot, tout ce qui remue le plus profondément notre temps, trouvât une voix. Cet homme qu'attendait notre époque, il est apparu. C'est le Dr George Kuhlmann de Holstein. Il est apparu, avec la doctrine du nouveau monde ou du royaume de l'esprit dans la réalité.* »

Est-il besoin de dire que cette doctrine du nouveau monde n'était que le plus banal sentimentalisme, traduit en une phraséologie demi-biblique, à la Lamennais, et débité avec une arrogance de prophète. Ce qui n'empêchait pas les bons disciples de Weitling de porter ce charlatan sur leurs épaules, comme les chrétiens d'Asie avaient porté Pérégrinus. Eux qui, d'ordinaire, étaient archi-démocratiques et égalitaires, au point de nourrir des soupçons inextinguibles à l'égard de tout maître d'école, de tout journaliste, de tous ceux qui n'étaient pas des ouvriers manuels, comme autant de « savants » cherchant à les exploiter, se laissèrent persuader par ce si mélo dramatiquement équipé Kuhlmann, que dans le « nouveau monde » le plus sage, c'est-à-dire Kuhlmann, réglementerait la répartition des jouissances et qu'en conséquence, dans le vieux monde déjà, les disciples eussent à fournir les jouissances par boisseaux au plus sage, et à se contenter, eux, des miettes. Et Perégrinus-Kuhlmann vécut dans la joie et dans l'abondance tant que cela durait.

À vrai dire, cela ne dura guère ; le mécontentement croissant des sceptiques et des incrédules, les menaces de persécution du gouvernement Vaudois, mirent fin, au royaume de l'esprit à Lausanne : Kuhlmann disparut.

Des exemples analogues viendront, par douzaine, à la mémoire de quiconque a connu par expérience les commencements du mouvement ouvrier en Europe. À l'heure présente des cas aussi extrêmes sont devenus impossibles du moins dans les grands centres ; mais dans des localités perdues, où le mouvement conquiert un terrain vierge, un petit Pérégrinus de la sorte pourrait bien compter encore sur un succès momentané et relatif. Et ainsi que vers le parti ouvrier de tous les pays affluent tous les éléments n'ayant plus rien à espérer du monde officiel, ou qui y sont brûlés — tels que les adversaires de la vaccination, végétariens, les antivivisectionnistes, les partisans de la médecine des simples, les prédicateurs des congrégations dissidentes dont les ouailles ont pris le large, les auteurs de nouvelles théories sur l'origine du monde, les inventeurs ratés ou malheureux, les victimes de réels ou d'imaginaires passe-droits, les imbéciles honnêtes et les malhonnêtes imposteurs — il en allait de même chez les chrétiens. Tous les éléments que le procès de dissolution de l'ancien monde avait libéré, étaient attirés, les uns après les autres, dans le cercle, d'attraction du christianisme, l'unique élément qui résistait à cette dissolution — précisément parce qu'il en était le produit tout spécial, et qui, par conséquent, subsistait et grandissait alors que les autres éléments n'étaient que des mouches éphémères. Point d'exaltation, d'extravagance, d'insanité ou d'escroquerie qui ne se soit produite dans les jeunes communautés chrétiennes et qui temporairement et en de certaines localités n'ait rencontré des oreilles attentives et de dociles croyants. Et comme les communistes de nos premières communautés, les premiers chrétiens étaient d'une crédulité inouïe à l'égard de tout ce qui semblait faire leur affaire, de sorte que nous ne savons pas, d'une façon positive, si du grand nombre d'écrits que Pérégrinus a composés pour la chrétienté, il ne se soit pas glissé des fragments par ci, par là, dans notre Nouveau testament.

II

La critique, biblique allemande, jusqu'ici, la seule base scientifique de notre connaissance de l'histoire du Christianisme primitif, a suivi une double tendance.

L'une de ces tendances est représentée par l'école de Tubingue, à laquelle, dans une acception plus large, appartient aussi D. F. Strauss. Elle va aussi loin dans l'examen critique qu'une école théologique saurait aller. Elle admet que les quatre évangiles ne sont pas des rapports de témoins oculaires, mais des remaniements ultérieurs d'écrits perdus, et que quatre tout au plus des épîtres attribuées à Saint-Paul sont authentiques. Elle biffe, comme inadmissibles, de la narration historique, tous les miracles et toutes les contradictions ; de ce qui reste elle cherche à sauver tout ce qui est sauvable, et en cela transparaît son caractère d'école théologique. Et c'est grâce à cette école que Renan, qui, en grande partie se fonde sur elle, a pu, en appliquant la même méthode, opérer bien d'autres sauvetages encore. En outre de nombre de narrations du Nouveau testament plus que douteuses, il veut nous en imposer quantité de légendes de martyres comme authentiquées ou authentifiées [le terme a disparu, note du transcripteur] historiquement. Dans tous les cas, tout ce que l'école de Tubingue rejette du Nouveau testament comme apocryphe ou comme n'étant pas historique, peut être considéré comme définitivement écarté par la science.

L'autre tendance est représentée par un seul homme — Bruno Bauer. Son grand mérite est d'avoir hardiment critiqué les évangiles et les apostoliques, d'avoir été le premier à procéder sérieusement dans l'examen, non seulement des éléments juifs et gréco-alexandrins, mais aussi des éléments grecs et gréco-romains qui ouvrirent au christianisme la voie à la religion universelle. La légende du christianisme né de toutes pièces du judaïsme, partant de la Palestine pour conquérir le monde au moyen d'une dogmatique et d'une éthique arrêtées dans les grandes lignes, est devenue impossible depuis Bauer ; désormais elle pourra tout au plus continuer de végéter dans les facultés théologiques et dans l'esprit des gens qui veulent « conserver la religion pour le peuple », même au prix de la science. Dans la formation du christianisme, tel qu'il a été élevé au rang de religion d'État par Constantin, l'école de Philon d'Alexandrie, et la philosophie vulgaire gréco-romaine, platonique et notamment stoïque, ont eu leur large part. Cette part est loin d'être établie dans les détails, mais le fait est démontré, et c'est là, d'une manière prépondérante, l'œuvre de Bruno Bauer ; il a jeté les bases de la preuve que le christianisme n'a pas été importé du dehors, de la Judée, et imposé au monde gréco-romain, mais qu'il est, du moins dans la forme qu'il a revêtu comme religion universelle, le produit tout spécial de ce monde. Naturellement, dans ce travail, Bauer dépassa de beaucoup le but, comme il arrive à tous ceux qui combattent des préjugés invétérés. Dans l'intention de montrer l'influence de Philon, et surtout de Sénèque, sur le christianisme naissant, même au point de vue littéraire, et de représenter formellement les auteurs du Nouveau testament comme des plagiaires de ces philosophes, il est obligé de retarder l'apparition de la nouvelle religion d'un demi-siècle, de rejeter les rapports contraires des historiens romains, et, en général de prendre de graves libertés avec l'histoire reçue. Selon lui, le christianisme, comme tel, n'apparaît que sous les empereurs Flaviens, la littérature du Nouveau testament que sous Hadrien, Antonin et Marc-Aurèle. De cette sorte disparaît chez Bauer tout fond historique pour les narrations du Nouveau testament relatives à Jésus et à ses disciples ; elles se résolvent en légendes où les phases de développement internes et les conflits d'âme des premières communautés sont attribués à des personnes plus ou moins fictives. Ni Galilée ni Jérusalem, mais bien Alexandrie et Rome sont, d'après Bauer, les lieux de naissance de la nouvelle religion.

Par conséquent, si l'école de Tubingue dans le résidu, incontesté par elle, de l'histoire et de la littérature du Nouveau testament, nous a offert l'extrême maximum de ce que la science peut, de nos jours encore, laisser passer comme sujet à controverse, Bruno Bauer nous apporte le maximum de ce qu'elle peut y attaquer. Entre ces limites se trouve la vérité. Que celle-ci, avec nos moyens actuels, soit susceptible d'être déterminée, paraît bien problématique. De nouvelles trouvailles, notamment à Rome, dans l'Orient et avant tout en Égypte, y contribueront bien davantage que toute critique.

Or, il y a dans le Nouveau testament un seul livre dont il soit possible, a quelques mois près, de fixer la date de rédaction ; lequel a dû être écrit entre juin 67 et janvier ou avril 68, un livre qui, par conséquent, appartient aux tout premiers temps chrétiens, qui en reflètent les notions avec la plus naïve sincérité et dans une langue idiomatique correspondante ; qui, partant, est à mon sens, autrement important pour déterminer ce que fut réellement le christianisme primitif que tout le reste du Nouveau testament, de beaucoup postérieur en date dans sa rédaction actuelle. Ce livre est la, soi-disant Apocalypse de Jean ; et comme, par surcroît, ce livre, en apparence le plus obscur de toute la Bible, est devenu aujourd'hui, grâce à la critique allemande, le plus compréhensible et le plus transparent de tous, je demande à en entretenir le lecteur.

Il suffit de jeter un coup d'œil, sur ce livre pour se convaincre de l'état d'exaltation de l'auteur et du « milieu ambiant » où il vivait. Notre « Apocalypse » n'est pas la seule de son espèce et de son temps. De l'an 164, avant notre ère, d'où date la première qui nous ait été conservée le livre dit de Daniel, jusqu'à environ 250 de notre ère, la date approximative du Carmen de Commodien, Renan ne compte pas moins de 15 « Apocalypses » classiques parvenues jusqu'à nous, sans parler des imitations ultérieures. (Je cite Renan parce que son livre est le plus accessible et le plus connu en dehors des cercles professionnels). Ce fut un temps où à Rome et en Grèce, mais bien davantage encore en Asie Mineure, en Syrie et en Égypte, un mélange disparate des plus crasses superstitions de tous les pays était accepté sans examen, et complété par de pieuses fraudes et un charlatanisme direct, où la thaumaturgie, les convulsions, les visions, la divination de l'avenir, l'alchimie, la cabale et autres sorcelleries occultes tenaient le premier rôle. Ce fut là l'atmosphère où le Christianisme primitif prit naissance, et cela au milieu d'une classe de gens qui, plus que tout autre était ouverte à ces imaginations surnaturelles. Aussi bien les gnostiques chrétiens d'Égypte, comme, entre autres choses, le prouvent les papyrus de Leyde, se sont-ils, au IIe siècle de l'ère chrétienne, fortement adonnés à l'alchimie, et ont-ils incorporé des notions alchimistes dans leurs doctrines. Et les mathématiciens chaldéens et juifs qui, d'après Tacite, furent à deux reprises, sous Claude et encore sous Vitellius, chassés de Rome pour magie, ils n'exercèrent pas d'autres arts géométriques que ceux que nous retrouverons au cœur même de l'Apocalypse de Jean.

À cela s'ajoute que toutes les apocalypses se reconnaissent le droit de tromper leurs lecteurs. Non seulement, en règle générale, sont-elles écrites par de tout autres personnes que leurs auteurs prétendus, pour la plupart plus modernes, par exemple le livre de Daniel, le livre d'Hénoch, les Apocalypses d'Esdras, de Baruch, de Jude, etc., les livres sibyllins, mais ils ne prophétisent au fond que des choses arrivées depuis longtemps et parfaitement connues de l'auteur véritable. C'est ainsi qu'en l'an 164, peu de temps avant la mort d'Antiochus Épiphane, l'auteur du livre de Daniel fait prédire à Daniel, censé vivre, à l'époque de Nabuchodonosor, l'ascendant et le déclin de la domination de la Perse et de la Macédoine, et le commencement de l'empire mondial de Rome, en vue de prédisposer ses lecteurs, par cette preuve de ses dons prophétiques, à accepter sa prophétie finale : que le peuple d'Israël surmontera toutes ses tribulations et sera enfin victorieux. Si donc l'Apocalypse de Jean était réellement l'ouvrage de l'auteur prétendu, elle constituerait, l'unique exception dans la littérature apocalyptique.

Le Jean, qui se donne pour l'auteur, était en tout cas un homme très considéré parmi les chrétiens de l'Asie Mineure. Le ton les épîtres missives aux sept communautés nous en est garant. Il se pourrait donc que ce fut l'apôtre Jean, dont l'existence historique, si elle n'est pas absolument authentiquée, est du moins très vraisemblable. Et si cet apôtre en était effectivement l'auteur, ce ne serait que tant mieux pour notre thèse. Ce serait la meilleure preuve que le christianisme de ce livre est le véritable, le vrai christianisme primitif. Il est prouvé, soit dit en passant, que la Révélation ne procède pas du même auteur que l'Évangile ou les trois épîtres également attribuées à Jean.

L'Apocalypse consiste en une série de visions. Dans la première, le Christ apparaît, vêtu en grand prêtre, marchant entre sept chandeliers d'or, qui représentent les sept communautés asiatiques, et dicte à « Jean » des lettres aux sept « anges » de ces communautés. Dès le début la différence perce d'une manière frappante entre ce christianisme-ci et la religion universelle de Constantin formulée par le Concile de Nicée. La Trinité non seulement est inconnue, elle est ici une impossibilité. À la place du Saint-Esprit unique ultérieur, nous avons les « sept esprits de Dieu », tirés, par les rabbins, d'Esaïe, XI, 2.

Jésus-Christ est le fils de Dieu, le premier et le dernier, l'alpha et l'oméga, mais nullement lui-même Dieu, ou l'égal de Dieu ; il est au contraire « le principe de la création de Dieu », par conséquent une émanation de Dieu, existant de tout temps, mais subordonnée, analogue aux sept esprits mentionnés plus haut. Au chap. XV, 3, les martyrs au ciel « chantent le cantique de Moïse, serviteur de Dieu et le cantique de l'agneau », pour la glorification de Dieu. Jésus-Christ est crucifié à Jérusalem (XI, 8), mais il est ressuscité (I. 5, 8), il est l'agneau qui a été sacrifié pour les péchés du monde, et avec le sang duquel les fidèles de tous les peuples et de toutes langues sont rachetés à Dieu. Ici gît la conception fondamentale qui permit au Christianisme de s'épanouir en religion universelle. La notion que les Dieux, offensés par les actions des hommes, pouvaient être propitiés [rachetés — terme mystique — note du transcripteur] par des sacrifices, était commune à toutes les religions des Sémites et des Européens ; la première conception fondamentale révolutionnaire du christianisme (empruntée à l'école de Philon) était, que par un grand sacrifice volontaire d'un médiateur, les péchés de tous les temps et de tous les hommes étaient expiés une fois pour toutes — pour les fidèles. De la sorte disparaissait la nécessité de tout sacrifice ultérieur, et par suite la base de nombre de cérémonies religieuses. Or, se débarrasser de cérémonies qui entravaient ou interdisaient le commerce avec des hommes de croyances différentes, était la condition indispensable d'une religion universelle. Et nonobstant, si ancrée dans les mœurs populaires était l'habitude des sacrifices, que le catholicisme, qui réadopta tant de coutumes païennes, jugea utile de s'accommoder à ce fait en introduisant tout au moins le symbolique sacrifice de la messe. Par contre, nulle trace dans notre livre du dogme du péché originel.

Ce qui surtout caractérise ces épîtres missives ainsi que le livre tout entier, c'est que jamais et nulle part il ne vient à l'idée de l'auteur de se désigner, lui et ses coreligionnaires, autrement que comme juifs.

Aux sectaires de Smyrne et de Philadelphie, contre lesquels il s'élève, il reproche : « Ils se disent être juifs et ne le sont pas, mais sont de la Synagogue de Satan » de ceux de Pergame, il dit : « Ils retiennent la doctrine de Balaam, lequel enseignait Balac à mettre un scandale devant les enfants d'Israël, afin qu'ils mangeassent des choses sacrifiées aux idoles et qu'ils se livrassent. à la fornication. » Ce n'est donc pas à des chrétiens conscients que nous avons affaire ici, mais à des gens qui se donnent pour juifs ; leur judaïsme, sans doute, est une nouvelle phase de développement de l'ancien ; c'est précisément pour cela qu'il est le seul vrai. C'est pourquoi, lors de l'apparition des saints devant le trône de Dieu, viennent en premier lieu 144 000 juifs, 12 000 de chaque tribu, et seulement ensuite l'innombrable foule des païens convertis à ce judaïsme renouvelé. Notre auteur, en l'an 69 de notre ère était loin de se douter qu'il représentait une phase toute nouvelle de l'évolution religieuse, appelée à devenir un des éléments les plus révolutionnaires dans l'histoire de l'esprit humain.

Ainsi, on le voit, le christianisme inconscient d'alors était à mille lieues de la religion universelle, dogmatiquement arrêtée par le Concile de Nicée. Ni la dogmatique, ni l'éthique ultérieure ne s'y rencontrent ; en revanche, il y a le sentiment qu'on est en lutte contre tout un monde et que l'on sortira vainqueur de cette lutte ; une ardeur belliqueuse et une certitude de vaincre qui font complètement défaut chez les chrétiens de nos jours et ne se rencontrent plus qu'à l'autre pôle de la société — chez les socialistes.

En fait, la lutte contre un monde tout-puissant et la lutte simultanée des novateurs entre eux, est commune à tous deux, et aux chrétiens primitifs et aux socialistes. Les deux grands mouvements ne sont pas faits par des chefs et des prophètes — bien que les prophètes ne manquent ni chez l'un ni chez l'autre —, ce sont des mouvements de masses. Et tout mouvement de masses est, au début, nécessairement confus ; confus, parce que toute pensée de masses se meut, d'abord, dans des contradictions, parce qu'elle manque de clarté et de cohérence ; confus, encore, précisément à cause du rôle qu'y jouent les prophètes, dans les commencements. Cette confusion se manifeste dans la formation de nombreuses sectes qui se combattent entre elles avec au moins autant d'acharnement que l'ennemi commun du dehors. Cela se passa ainsi dans le christianisme primitif ; cela se passa de même dans les commencements du mouvement socialiste, pour si chagrinant que cela fut pour les honnêtes gens bien intentionnés qui prêchèrent l'union, alors que l'union n'était pas possible.

Est-ce que, par exemple, l'Internationale était tenue en état de cohésion par un dogme unitaire ? En aucune façon. Il y avait là des communistes selon la tradition française d'avant 1848, qui eux, à leur tour, représentaient des nuances différentes ; des communistes de l'école de Weitling ; d'autres encore, appartenant à la ligue régénérée des communistes ; des Proudhoniens qui étaient l'élément prédominant en France et en Belgique ; des Blanquistes ; le parti ouvrier allemand ; enfin, des anarchistes bakouninistes qui, un moment, eurent le dessus — et ce n'étaient là que les groupes principaux. À dater de la fondation de l'Internationale, il a fallu un quart de siècle pour effectuer la séparation d'avec les anarchistes d'une manière définitive et générale, et pour établir un accord tout au moins sur les points de vue économiques les plus généraux. Et cela avec nos moyens de communication, les chemins de fer, les télégraphes, les villes industrielles monstres, la presse et les réunions populaires organisées.

Même division en innombrables sectes chez les premiers chrétiens, division qui justement était le moyen d'amener la discussion et d'obtenir l'unité ultérieure. Nous la constatons déjà dans ce livre, indubitablement le plus ancien document chrétien, et notre auteur fulmine contre elle avec le même emportement qu'il déploie contre le monde pécheur du dehors tout entier. Voilà tout d'abord les Nicolaïtes, à Éphèse et à Pergame ; ceux qui. se disent être juifs, mais, qui sont la synagogue de Satan, à Smyrne et Philadelphie ; les adhérents de la doctrine du faux prophète, désigné comme Balaam, à Pergame ; ceux qui se disent être des prophètes et qui ne le sont pas, à Éphèse ; enfin, les partisans de la fausse prophétesse, désignée comme Jézabel, à Thyatire. Nous n'apprenons rien de plus précis sur ces sectes ; seulement des successeurs de Balaam et de Jézabel, il est dit qu'ils mangent des choses sacrifiées aux idoles et se livrent à la fornication.

On a essayé de représenter ces cinq sectes comme autant de chrétiens Pauliens, et toutes ces épîtres comme étant dirigées, contre Paul, le faux apôtre, le prétendu Balaam et « Nicolas ». Les arguments peu soutenables qui s'y rapportent, se trouvent réunis chez Renan, Saint Paul (Paris, 1869, pages 303-305,367-370). Tous, ils aboutissent à expliquer nos épîtres missives par les Actes des Apôtres et les épîtres dites de Paul ; écrits qui, dans leur rédaction actuelle, sont de 60 ans postérieurs à la Révélation ; dont les données relatives à celles-ci sont donc plus que douteuses, et qui, de plus, se contredisent absolument entre elles. Mais ce qui tranche la question, c'est qu'il n'a pu venir à l'esprit de notre auteur de donner à une seule et même secte cinq désignations différentes deux pour la seule Éphèse (faux apôtres et les Nicolaïtes) et deux également pour Pergame (les Balaamites et les Nicolaïtes), et cela en les désignant expressément comme deux sectes différentes. Toutefois, nous n'entendons pas nier que parmi ces sectes il ait pu se trouver des éléments que l'on considérerait aujourd'hui comme des sectes pauliennes.

Dans les deux passages où l'on entre dans des particularités, l'accusation se borne à la consommation de choses sacrifiées aux idoles et à la fornication, les deux, points sur lesquels les juifs — les anciens aussi bien que les juifs chrétiens — étaient en dispute perpétuelle avec les païens convertis. De la viande provenant des sacrifices païens était non seulement servie aux festins où refuser les mets servis pouvait paraître inconvenant, et devenir dangereux ; elle était vendue aussi dans les marchés publics où il n'était guère possible de discerner à la vue si elle était koscher ou non. Par la fornication ces mêmes juifs n'entendaient pas seulement le commerce sexuel hors du mariage, mais aussi le mariage dans les degrés de parenté prohibés, ou bien encore entre juifs et païens, et c'est là le sens qui, d'ordinaire, est donné au mot dans le passage des Actes des Apôtres (XV, 20 et 99). Mais notre Jean a une façon de voir à lui en ce qui concerne le commerce sexuel permis aux juifs orthodoxes. Il dit (XIV, 4), des 144 000 juifs célestes : « Ce sont ceux qui ne se sont pas souillés avec les femmes, car ils sont vierges ». Et de fait, dans le ciel de notre Jean, il n'y a pas une seule femme. Il appartient donc à cette tendance, qui se manifeste également en d'autres écrits du christianisme primitif, qui tient pour péché le commerce sexuel en général. Si, en outre, l'on tient compte de ce fait qu'il appelle Rome la grande prostituée avec laquelle les rois de la terre ont forniqué et qui a enivré du vin de sa prostitution les habitants de la terre — et les marchands de la terre sont devenus riches de l'excès de son luxe, il nous est impossible de comprendre — le mot de l'épître dans le sens étroit que l'apologétique théologique voudrait lui attribuer, à seule fin d'en extraire une confirmation pour d'autres passages du Nouveau testament. Bien au contraire, certains passages indiquent clairement un phénomène commun à toutes les époques profondément troublées, à savoir qu'en même temps qu'on ébranle toutes les barrières on cherche à relâcher les liens traditionnels du commerce sexuel. Dans les premiers siècles chrétiens, à côté de l'ascétisme qui mortifie la chair, assez souvent la tendance se manifeste d'étendre la liberté chrétienne aux rapports, plus ou moins affranchis d'entraves, entre hommes et femmes. La même chose est arrivée dans le mouvement socialiste moderne.

Quelle sainte indignation n'a pas provoqué après 1830, dans l'Allemagne d'alors — « ce pieux pouponnat », comme l'appelait Heine —, la réhabilitation de la chair saint-simonienne ! La plus indignée fut la gent aristocratique qui dominait à l'époque, (je ne dis pas la classe aristocratique, vu qu'en 1830 il n'existait pas encore de classes chez nous) et qui, pas plus à Berlin que dans leurs propriétés de campagne, ne savaient vivre sans une réhabilitation de la chair toujours réitérée. Qu'eussent-ils dit, les bonnes gens, s'ils avaient connu Fourier, qui met en perspective pour la chair bien d'autres cabrioles. Une fois l'utopisme dépassé, ces extravagances ont fait place à des notions plus rationnelles, et en réalité bien plus radicales et, depuis que l'Allemagne du pieux pouponnat de Heine est devenu le centre du mouvement socialiste, on se moque de l'indignation hypocrite du vieux monde aristocratique.

C'est là tout le contenu dogmatique des épîtres. Quant au reste, elles excitent les camarades à la propagande énergique, à la fière et courageuse confession de leur foi à la face de leurs adversaires, à la lutte sans relâche contre l'ennemi du dehors et du dedans ; et pour ce qui est de cela, elles auraient pu, tout aussi bien, être écrites par un enthousiaste, tant soit peu prophète, de l'Internationale.

III

Les épîtres missives ne sont que l'introduction au vrai thème de la communication de notre Jean aux sept communautés de l'Asie Mineure et, par elles, à toute la juiverie réformée de l'an 69, d'où la chrétienté est sortie plus tard. Et ici nous entrons dans le sanctuaire le plus intime du christianisme.

Parmi quelles gens les premiers chrétiens se recrutèrent-ils ? Principalement parmi les « fatigués et chargés », appartenant aux plus basses couches du peuple, ainsi qu'il convient à un élément révolutionnaire. Et de qui ces couches se composaient-elles ? Dans les villes, d'hommes libres déchus — de toute espèce de gens, semblables aux *mean whites* des états esclavagistes du Sud, aux aventuriers et aux vagabonds européens des villes maritimes coloniales et chinoises, ensuite d'affranchis et surtout d'esclaves ; sur les *latifundia* d'Italie, de Sicile et d'Afrique, d'esclaves ; dans les districts ruraux des provinces, de petits paysans, de plus en plus asservis par les dettes. Une voie commune d'émancipation pour tant d'éléments divers n'existait pas. Pour tous le paradis perdu était derrière eux ; pour l'homme libre déchu, la *polis*, cité et état tout ensemble, de laquelle ses ancêtres avaient autrefois été les libres citoyens ; pour les prisonniers de guerre, esclaves, l'ère de la liberté, avant l'assujettissement et la captivité ; pour le petit paysan, la société gentile et la communauté du sol anéanties. Tout cela la main de fer du romain conquérant avait jeté à bas. Le groupement social le plus considérable que l'antiquité ait su créer, était la tribu et la confédération des tribus apparentées, groupement basé, chez les Barbares, sur les ligues de consanguins ; chez les Grecs, fondateurs de villes, et les Italiotes, sur la *polis*, comprenant une ou plusieurs tribus. Philippe et Alexandre donnèrent à la péninsule hellénique l'unité politique, mais il n'en résulta pas la formation d'une nation grecque. Les nations ne devenaient possibles qu'après la chute de l'empire mondial de Rome. Celui-ci mit fin une fois pour toutes aux petits groupements ; la force militaire, la juridiction romaine, l'appareil pour la perception des impôts, dissolurent complètement l'organisation intérieure transmise. À la perte de l'indépendance et de l'organisation particulière, vint s'ajouter le pillage par les autorités militaires et civiles, qui commençaient par dépouiller les asservis de leurs trésors, pour ensuite les leur prêter de nouveau, afin de pouvoir de nouveau les pressurer. Le poids des impôts et le besoin d'argent qui en résultait, achevaient la ruine des paysans, introduisaient une grande disproportion dans les fortunes, enrichissaient les riches et appauvrissaient tout à fait les pauvres. Et toute résistance des petites tribus isolées ou des villes à la gigantesque puissance de Rome était désespérée. Quel remède à cela, quel refuge pour les asservis, les opprimés, les appauvris, quelle issue commune pour ces groupes humains divers, aux intérêts disparates ou opposées ? Il fallait bien, pourtant, en trouver une, dût un seul grand mouvement révolutionnaire les embrasser tous.

Cette issue se trouva ; mais non pas dans ce monde. Et, en l'état des choses d'alors, seule la religion pouvait l'offrir. Un nouveau monde s'ouvrit. L'existence de l'âme après la mort corporelle était petit à petit devenue un article de foi généralement reconnu dans le monde romain. De plus, une façon de peines et de récompenses pour les trépassés, suivant les actions commises de leur vivant, était partout de plus en plus admise. Pour les récompenses, à la vérité, cela sonna un peu creux ; l'antiquité était de sa nature trop matérialiste pour ne pas attacher infiniment plus de prix à la vie réelle qu'à la vie dans le royaume des ombres ; chez les Grecs l'immortalité passait plutôt pour un malheur. Advint le christianisme, qui prit au sérieux les peines et les récompenses dans l'autre monde, qui créa le ciel et l'enfer ; et voila trouvée la voie pour conduire les fatigués et les chargés de cette vallée de larmes au Paradis éternel. En fait, il fallait l'espoir d'une récompense dans l'au-delà pour arriver à élever le renoncement au monde et l'ascétisme stoïcien-philonien en un principe éthique fondamental d'une nouvelle religion universelle capable d'entraîner les masses opprimées.

Cependant la mort n'ouvre pas d'emblée ce paradis céleste eux fidèles. Nous verrons que ce royaume de Dieu, dont la nouvelle Jérusalem est la capitale, ne se conquiert et ne s'ouvre qu'à la suite de formidables luttes avec les puissances infernales. Or, les premiers chrétiens se représentaient ces luttes comme imminentes. Dès le début notre Jean désigne son livre comme la révélation de ce qui doit « *arriver bientôt* » ; peu après, au verset 3, il dit : « Bienheureux est celui qui lit et ceux qui écoutent les paroles de cette prophétie », car le « *temps est proche* » ; à la communauté de Philadelphie, Jésus-Christ fait écrire : « Voici, je viens *bientôt* ». Et au dernier chapitre, l'ange dit qu'il a manifesté à Jean, « les choses qui doivent arriver *bientôt* », et lui commander : « Ne cachette point les paroles de la prophétie du livre, parce que le temps est *proche* » et Jésus-Christ lui-même dit, à deux reprises, versets 12 et 20 : « Je viens bientôt ». Nous verrons par la suite combien tôt ce bientôt était attendu.

Les visions apocalyptiques que l'auteur fait maintenant passer sous nos yeux, sont toutes, et pour la plupart littéralement, empruntées à des modèles antérieurs. En partie, aux prophètes classiques de l'ancien Testament, surtout à Ezéchiel, en partie aux apocalypses juives postérieures, composées d'après le prototype du livre de Daniel, et surtout au livre d'Hénoch, déjà rédigé, du moins en partie, à cette époque. Les critiques ont démontré jusque dans les moindres détails, d'où notre Jean a tiré chaque image, chaque pronostic sinistre, chaque plaie infligée à l'humanité incrédule, bref, l'ensemble des matériaux de son livre en sorte que non seulement il fait montre d'une pauvreté d'esprit peu commune, mais encore il fournit lui-même la preuve que ses prétendues visions et convulsions, il ne les a pas vécues, même en imagination, comme il les a dépeintes.

Voici, en quelques mots, la marche de ces apparitions. Jean voit Dieu assis sur son trône, un livre fermé de sept sceaux à la main ; devant lui est l'agneau (Jésus) égorgé, mais de nouveau vivant, qui est trouvé digne d'ouvrir les sceaux. L'ouverture des sceaux est suivie de signes et de prodiges menaçants. Au cinquième sceau Jean aperçoit sous l'autel de Dieu les âmes des martyrs qui avaient été tués pour la parole de Dieu : « et elles criaient à haute voix, disant, jusqu'à quand, Seigneur, ne juges-tu point et ne venges-tu point notre sang de ceux qui habitent sur la terre ? » Là-dessus on leur donne à chacun une robe blanche et les engage à patienter encore un peu ; il reste d'autres martyrs qui doivent être mis à mort. Ici il n'y a donc nulle question encore de la « Religion de l'amour » du « aimez ceux qui vous haïssent, bénissez ceux qui vous maudissent », etc. Ici l'on prêche ouvertement la vengeance, la saine, l'honnête vengeance à tirer des ennemis des chrétiens. Et il en est ainsi tout le long du livre. Plus la crise approche, plus les plaies, les jugements pleuvent dru du ciel, et plus notre Jean éprouve de la joie à annoncer que la plupart des hommes ne se repentent toujours pas, et refusent de faire pénitence pour leurs péchés ; que de nouvelles plaies doivent fondre sur eux ; que Christ doit les gouverner avec une verge de fer et fouler le pressoir du vin de la colère de Dieu, mais que néanmoins les mécréants restent endurcis. C'est le sentiment naturel, éloigné de toute hypocrisie, qu'on est en lutte, et que, *à la guerre comme à la guerre*. À l'ouverture du septième sceau apparaissent sept anges avec des trompettes : chaque fois qu'un ange sonne de la trompette, il arrive de nouvelles horreurs. Au septième éclat de la trompette, sept nouveaux anges entrent en scène, portant les sept fioles de la colère de Dieu qui sont versées sur la terre, et de nouveau il pleut des fléaux et des jugements ; en majeure partie une fatigante répétition de ce qui a déjà eu lieu nombre de fois. Puis vient la femme, Babylone, la grande prostituée, vêtue de pourpre et d'écarlate, assise sur plusieurs eaux, enivrée du sang des saints et du sang des martyrs de Jésus, c'est la grande cité qui a son règne sur les rois de la terre. Elle est assise sur une bête qui a sept têtes et dix cornes. Les sept têtes sont sept montagnes, ce sont aussi sept « rois ». De ces rois, les cinq sont tombés ; l'un est, le septième doit venir, et après lui vient un huitième qui sort des premiers cinq, qui était, blessé à mort, mais qui a été guéri.

Celui-ci, régnera sur la terre 42 mois, ou trois ans et demi (la moitié d'une semaine d'années de sept ans), persécutera les fidèles jusqu'à la mort et fera triompher les profanes. Ensuite se livre la grande bataille décisive, les saints et les martyrs sont vengés par la destruction de la grande prostituée, Babylone, et de tous ses partisans, c'est-à-dire de la grande majorité des hommes ; le diable est précipité dans l'abîme, y est enchaîné pour mille ans, pendant lesquels règne le Christ avec les martyrs ressuscités. Quand les mille ans sont accomplis le diable est délié : suit une dernière bataille de spectres dans laquelle il est définitivement vaincu. Une seconde résurrection a lieu, le reste des morts, ressuscitent et comparaissent devant le trône de Dieu (non pas du Christ, remarquez bien) et les fidèles entrent par un nouveau ciel, une nouvelle terre et une nouvelle Jérusalem dans la vie éternelle.

De même que tout cet échafaudage est dressé avec des matériaux exclusivement juifs, préchrétiens, de même il offre presque exclusivement des conceptions juives. Depuis que les choses allaient mal pour le peuple d'Israël, à partir du moment où il devenait tributaire de l'Assyrie et de Babylone, jusqu'à son assujettissement aux Seleucides, c'est-à-dire d'Isaïe jusqu'à Daniel, on prophétisa, aux heures des tribulations, un sauveur providentiel. Au chap. XII, 1, 3, de Daniel se trouve la prophétie de la descente de Michaël, l'ange gardien des juifs, qui les délivrera dans leur détresse ; « beaucoup de morts ressusciteront », il y aura une sorte de jugement dernier, « et ceux qui en auront amené plusieurs à la justice luiront comme des étoiles, à toujours et à perpétuité ». De chrétien, il n'y a là que l'insistance sur l'imminence du royaume de Jésus-Christ et sur la félicité des ressuscités, particulièrement des martyrs.

C'est à la critique allemande, et surtout à Ewald, Lücke et Ferdinand Benary que nous sommes redevables de l'interprétation de cette prophétie, pour autant qu'elle se rapporte aux événements de l'époque. Grâce à Renan, elle a pénétré dans d'autres milieux que les cercles théologiques. La grande prostituée, Babylone, signifie, on l'a vu, la ville aux sept collines. De la bête sur laquelle elle est assise, il est dit XVII, 9, 11 : « Les sept têtes sont sept montagnes. Ce sont aussi sept rois, les cinq sont tombés ; l'un est et l'autre n'est pas encore venu ; et quand il sera venu il faut qu'il demeure un peu de temps. Et la bête qui était et qui n'est plus, c'est aussi un huitième roi, elle vient des sept mais elle tend à sa ruine. »

La bête est donc la domination mondiale de Rome, représentée successivement par sept empereurs, dont l'un est blessé à mort et ne règne plus, mais a été guéri, et va revenir afin d'accomplir le règne du blasphème et de la rébellion contre Dieu. « Et il lui fut donné de faire la guerre aux saints et de les vaincre. Il lui est aussi donné puissance sur toute tribu, langue et nation ; de sorte qu'elle sera adorée par tous ceux qui habitent sur la terre, dont les noms ne sont pas écrits au livre de l'agneau ». — « Et elle faisait que tous, petits et grands, riches et pauvres, libres et esclaves, prenaient une marque, ou le nom de la bête ou le nombre de son nom. Ici est la sagesse. Que celui qui a de l'intelligence, compte le nombre de la bête, car c'est un nombre d'hommes, et son nombre est six cent soixante-six ». (XIII 7.118.)

Constatons seulement que le Boycott est mentionné ici comme une mesure à employer par la puissance romaine contre les chrétiens — qu'il est donc manifestement une invention du diable — et passons à la question de savoir qui est cet empereur romain qui a déjà régné, qui a été blessé à mort et qui revient comme le huitième de la série pour jouer l'Antéchrist.

Après Auguste, le premier, nous avons ; 2, Tibère ; 3, Caligula ; 4, Claude ; 5, Néron ; 6, Galba. « Cinq sont tombés, lui est. » À savoir : Néron est déjà tombé, Galba est. Galba régna du 9 juin 68 jusqu'au 15 janvier 69. Mais aussitôt qu'il fut monté sur le trône, les légions du Rhin se levèrent sous Vitelius, cependant qu'en d'autres provinces d'autres généraux préparèrent des soulèvements militaires. À Rome même les prétoriens se soulevèrent, tuèrent Galba et proclamèrent Othon.

Il résulte de ceci que notre apocalypse a été écrite sous Galba, vraisemblablement vers la fin de son règne, ou au plus tard, pendant les trois mois (jusqu'au 15 avril 69) du règne d'Othon, le septième. Mais qui est le huitième, qui a été et n'est pas ? Le nombre 666 nous l'apprendra.

Parmi les Sémites, — les Chaldéens et les Juifs — de cette époque, un art magique était en vogue, basé sur la double signification des lettres. Depuis environ 300 ans avant notre ère les lettres hébraïques étaient également employées comme chiffres : a = 4, b = 2, c = 3, d = 4, et ainsi de suite. Or les devins cabalistes additionnaient ensemble les valeurs numériques des lettres d'un nom, et à l'aide de la somme totale obtenue, par la formation de mots ou de combinaisons de mots d'une égale valeur numérique qui comportaient des inductions, cherchèrent à prédire l'avenir du porte nom. Pareillement, des mots furent exprimés dans cette langue des chiffres. On appelait cet art d'un nom grec, *ghematriak*, géométrie ; les Chaldéens qui l'exerçaient comme un métier, et que Tacite dénote comme des *mathematici*, furent chassés de Rome.

C'est au moyen justement de cette mathématique qu'a été produit le nombre 666. Derrière lui se cache le nom d'un des premiers cinq empereurs romains. Or Irénée, à la fin du IIe siècle, outre le nombre 666, connaissait la variante 616 qui, elle aussi, datait d'un temps où l'énigme des chiffres était encore connu. Si la solution répond également aux deux nombres la preuve en est faite.

Ferdinand Benary a trouvé cette solution. Le nom est Néron. Le nombre est fondé sur Néron Kesar, la transcription hébraïque — ainsi que le constatent le Talmud et les inscriptions palmyriennes — du grec Nerôn Kaisar, Néron empereur, que portait comme légende la monnaie de Néron, frappée dans les provinces de l'Est de l'empire. Ainsi : n (nun) = 50, r (resch) = 200, v (vav) pour 0 = 6, n (nun) = 50, R (Raph) = 100, s (samech) = 60, et r (resch) = 200, total = 666. Or, en prenant pour base la forme latine, Nero Caesar, le second n (nun) est supprimé, et nous obtenons 666 - 50 = 616, la variante d'Irénée.

Effectivement, l'empire romain, au temps de Galba, était en désarroi. Galba lui-même, à la tête des légions d'Espagne et de la Gaule avait marché sur Rome pour renverser Néron ; celui-ci s'enfuit et se fit tuer par un affranchi. Et non seulement les prétoriens à Rome, mais encore les commandants dans les provinces, conspiraient contre Galba ; partout surgissaient des prétendants au trône, faisant des préparatifs pour se diriger avec leurs légions sur la capitale. L'empire semblait livré à la guerre intestine ; sa chute paraissait imminente.

Pour comble, le bruit se répandit que Néron n'était pas mort, mais seulement blessé, qu'il s'était réfugié chez les Parthes, qu'il passerait l'Euphrate et viendrait avec une force armée pour inaugurer un nouveau et plus sanglant règne de terreur. L'Achaïe et l'Asie en particulier furent mises en émoi par de tels rapports. Et justement au moment où l'apocalypse a dû être composée, parut un faux Néron qui s'établit dans l'île de Cythnos, la Thermia moderne, dans la mer d'Egée, près de Patmos et de l'Asie-Mineure, jusqu'à ce qu'il fût tué sous Othon. Quoi d'étonnant à ce que parmi les Chrétiens, en butte aux premières grandes persécutions de Néron, l'opinion se soit propagée qu'il devait revenir comme Antéchrist, que son retour et une nouvelle et plus sérieuse tentative d'extermination de la jeune secte serait le présage et le prélude du retour de Christ, de la grande bataille victorieuse contre les puissances de l'enfer, du règne de mille ans à établir « bientôt »et dont l'arrivée certaine fit que les martyrs allèrent allègrement à la mort.

La littérature chrétienne des deux premiers siècles donne assez d'indices que le secret du chiffre 666 était alors connu de nombre de personnes. Irénée qui ne le connaissait plus, savait, par contre, comme beaucoup d'autres jusqu'à la fin du IIIe siècle, que la bête de l'apocalypse signifiait Néron qui revenait. Puis cette dernière trace se perd et notre apocalypse est livrée à l'interprétation fantastique de devins orthodoxes ; moi-même j'ai connu encore des vieilles gens qui d'après les calculs du vieux Johann Albrecht Bengel attendaient le jugement dernier pour l'an 1836. La prophétie s'est réalisée à la lettre. Seulement le jugement dernier n'atteignit pas le monde des pécheurs, mais bien les pieux interprètes de l'Apocalypse eux-mêmes. Car en cette même année de 1836, F. Benary fournit la clef du nombre 666 et mit un terme à tout ce calcul divinatoire, à cette nouvelle *ghematriak* .

Du royaume céleste réservé aux fidèles, notre Jean ne nous offre qu'une description des dehors. D'après les notions de l'époque, la nouvelle Jérusalem est d'ailleurs construite sur un plan suffisamment grandiose : un carré de 1 200 stades de côté = 2 227 kilomètres, plus que la moitié des États-Unis d'Amérique, bâtie en or et pierres précieuses.

Là habite Dieu, au milieu des siens et les éclaire à la place du soleil ; la mort n'est plus et il n'y a plus ni deuil, ni cri, ni travail ; un fleuve d'eau vive coule à travers la ville, sur ces bords croit l'arbre de la vie portant douze fruits, et rendant son fruit chaque mois, et les feuilles de l'arbre sont « pour la santé des gentils » (à la façon d'un thé médicinal, selon Renan, *L'Antéchrist* , p. 452.) Là vivent les saints aux siècles des siècles.

De telle sorte était fait le christianisme dans son foyer, l'Asie Mineure, vers l'an 68, autant que nous le connaissons. Nul indice d'une Trinité — en revanche, le vieux Jéhovah, un et indivisible, du judaïsme décadent où il s'élève du dieu national juif à l'unique, au premier, Dieu du ciel et de la terre, où il prétend dominer sur tous les peuples, promettant la grâce aux convertis et exterminant les rebelles sans miséricorde, fidèle en cela à l'antique *parcere subjectis ac debellare superbos* . Aussi est-ce Dieu lui-même qui préside au jugement dernier et non pas Jésus-Christ, comme dans les récits ultérieurs des Évangiles et des Épîtres. Conformément à la doctrine persane de l'émanation familière au judaïsme décadent, le Christ est l'agneau émané de Dieu de toute éternité, il en est de même des « sept esprits de Dieu » bien qu'occupant un rang inférieur, et qui doivent leur existence à un passage poétique mal compris (Isaïe XI, 2). Ils ne sont pas Dieu ni l'égal de Dieu, mais soumis à lui. L'agneau s'offre de son plein gré comme sacrifice expiatoire pour les péchés du monde, et pour ce haut fait se voit expressément promu en grade dans le ciel ; dans tout le livre ce sacrifice volontaire lui est compté comme un acte extraordinaire et non comme une action jaillissant avec nécessité du plus profond de son être. Il est bien entendu que toute la cour céleste des anciens, des chérubins, des anges et des saints ne fait pas défaut. Pour se constituer en religion, le monothéisme a dû de tout temps faire des concessions au polythéisme, à dater du zendavesta. Chez les juifs la conversion aux dieux païens et sensuels persiste à l'état chronique jusqu'à ce que, après l'exil, la cour céleste, modelée sur le type persan, accommode un peu mieux la religion à l'imagination populaire. Le christianisme, lui aussi, même après qu'il eut remplacé le raide et immuable Dieu des juifs par le mystérieux Dieu trinitaire, différencié en lui-même, n'a pu supplanter le culte des antiques dieux parmi les masses que par le culte des saints. Ainsi, le culte de Jupiter, selon Fallmerayer, ne s'est éteint dans le Péloponnèse, dans la Maïna, en Arcadie, que vers le IXe siècle (*Histoire de la péninsule de la Morée*, I, p. 227). Ce n'est que l'ère bourgeoise moderne et son protestantisme, qui écartent les saints à leur tour et prennent enfin au sérieux le monothéisme différencié.

Notre apocalypse ne connaît pas davantage le dogme du péché originel ni la justification par la foi. La foi de ces premières communautés, d'humeur belliqueuse joyeuse, diffère du tout au tout de celle de l'église triomphante postérieure ; à côté du sacrifice expiatoire de l'agneau, le prochain retour de Christ et l'imminence du règne millénaire en constituent le contenu essentiel ; et ce par quoi, seule, elle se manifeste, c'est l'active propagande, la lutte, sans relâche contre l'ennemi du dehors et du dedans, le fier aveu de leurs convictions révolutionnaires devant les juges païens, le martyre courageusement enduré dans la certitude de la victoire.

Nous l'avons vu, l'auteur ne soupçonne pas encore qu'il est autre chose que juif. En conséquence, aucune allusion, dans tout le livre, au baptême ; aussi bien y a-t-il des indices que le baptême est une institution de la seconde période chrétienne. Les 144 000 juifs croyants sont « scellés », non baptisés. Des saints au ciel il est dit : « Ce sont ceux qui ont lavé, et blanchi leurs longues robes dans le sang de l'agneau » : pas un mot du baptême. Les deux prophètes qui précèdent l'apparition de l'Antéchrist (ch. XI) ne baptisent pas non plus et au ch. XIX, 10, le témoignage de Jésus n'est pas le baptême mais l'esprit de la prophétie. Il était naturel dans toutes ces circonstances de parler du baptême, pour peu qu'il fût déjà institué. Nous sommes donc autorisés à conclure avec une presque certitude que notre auteur ne le connaissait pas et qu'il ne s'introduisit que lorsque les Chrétiens se séparèrent définitivement d'avec les Juifs.

Notre auteur est également dans l'ignorance du second sacrement ultérieur — l'eucharistie. Si dans le texte de Luther le Christ promet à tout Thyatirien, ayant persévéré dans la foi, d'entrer chez lui et de faire la communion avec lui, cela donne une fausse apparence. Dans le grec on lit *deipnéso*, je souperai (avec lui), et le mot est ainsi correctement rendu dans les bibles anglaises et françaises. De la Cène comme festin commémoratif il n'est pas question.

Notre livre avec sa date si singulièrement authentifiée, est indubitablement le plus ancien de la littérature chrétienne tout entière. Aucun autre n'est écrit dans une langue aussi barbare, où fourmillent les hébraïsmes, les constructions impossibles, les fautes grammaticales. Seuls, les théologiens de profession, ou autres historiographes intéressés, nient que les Evangiles et les Actes des Apôtres sont des remaniements tardifs d'écrits aujourd'hui perdus et dont le mince noyau historique ne se découvre plus sous la luxuriance légendaire, que les trois ou quatre lettres apostoliques, encore reconnues pour authentiques par l'école de Tubingue, ne représentent plus, après la pénétrante analyse de Bruno Bauer, que des écrits d'une époque postérieure, ou, dans le meilleur cas, des compositions plus anciennes d'auteurs inconnus, retouchées et embellies par nombre d'additions et d'interpolations. Il est d'autant plus important pour nous de posséder dans notre ouvrage, dont la période de rédaction se laisse établir à un mois près, un livre qui nous présente le christianisme sous sa forme la plus rudimentaire, sous la forme où il est à la religion de l'État du IVe siècle, achevée dans sa dogmatique et sa mythologie, à peu près ce que la mythologie encore vacillante des Germains de Tacite est à la mythologie de l'Edda, pleinement élaborée sous l'influence d'éléments chrétiens et antiques. Le germe de la religion universelle est là, mais il renferme encore indistinctement les mille possibilités de développement qui se réalisent dans les innombrables sectes ultérieures. Si ce plus ancien morceau du christianisme qui devint a pour nous une valeur toute particulière, c'est qu'il nous apporte dans son intégrité ce que le judaïsme — sous la puissante influence d'Alexandrie — a contribué au christianisme. Tout le reste est adjonction occidentale, gréco-romaine. Il a fallu la médiation de la religion juive monothéiste pour faire revêtir au monothéisme érudit de la philosophie vulgaire grecque la forme sous laquelle seul il pouvait avoir prise sur les masses. Une fois cette médiation trouvée, il ne pouvait devenir religion universelle que dans le monde gréco-romain, en continuant de se développer, pour s'y fondre finalement, dans le système d'idées où avait abouti ce monde.